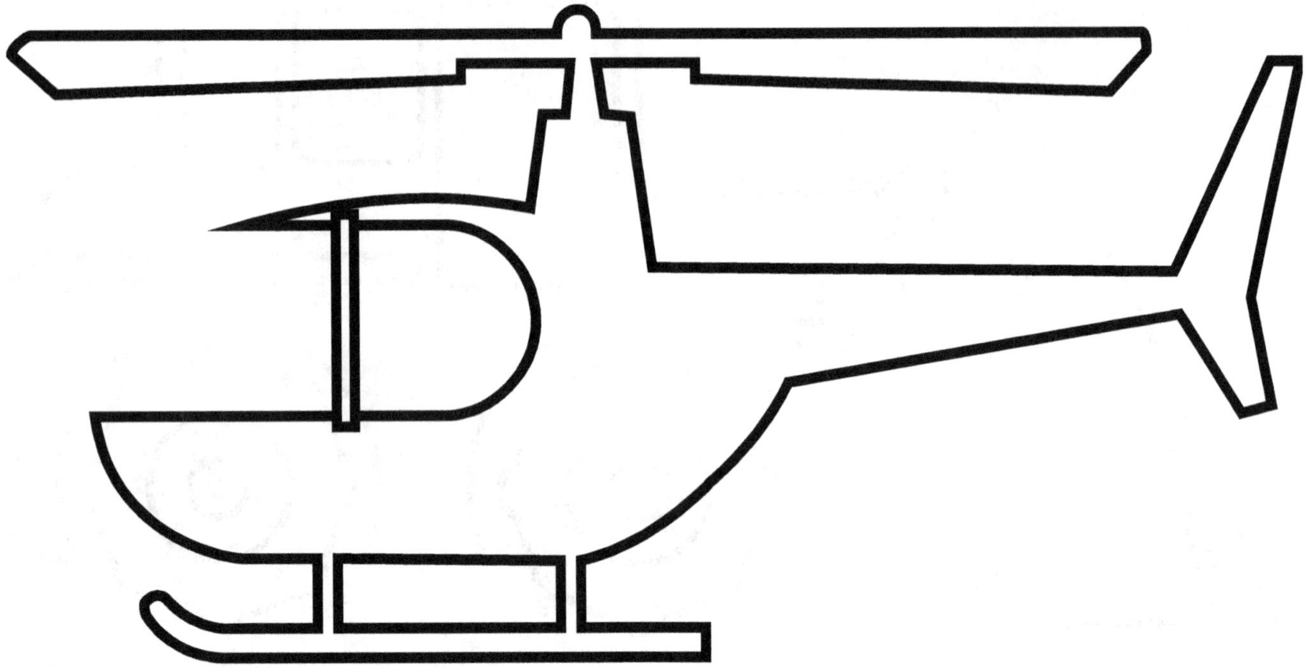

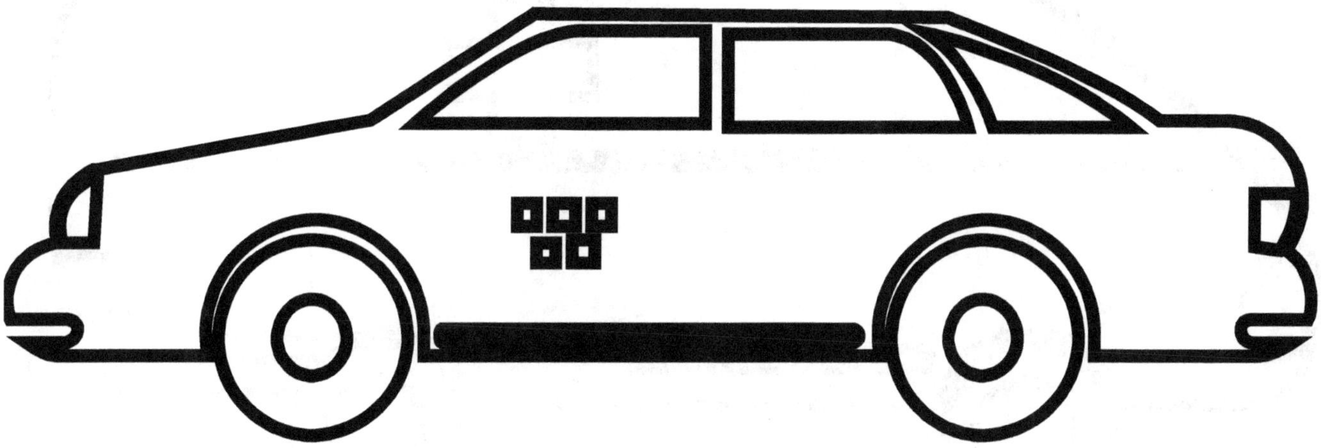

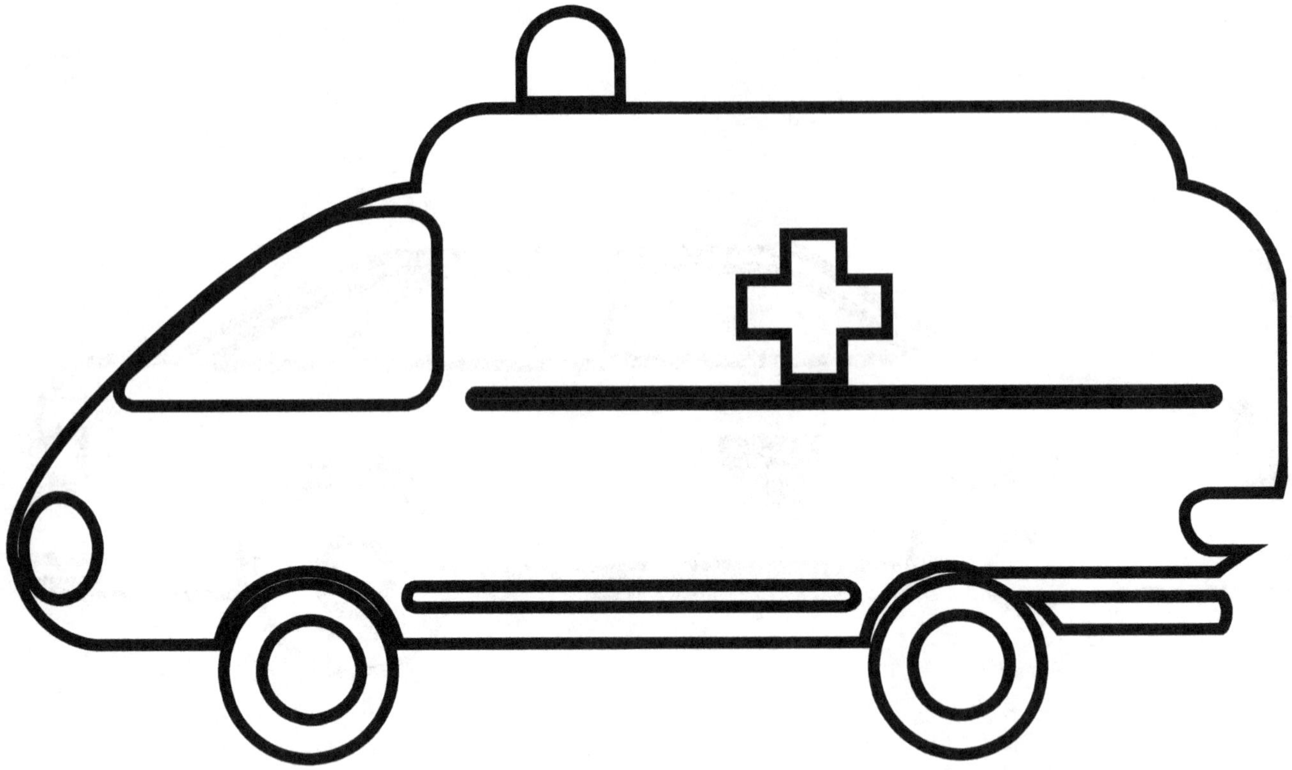

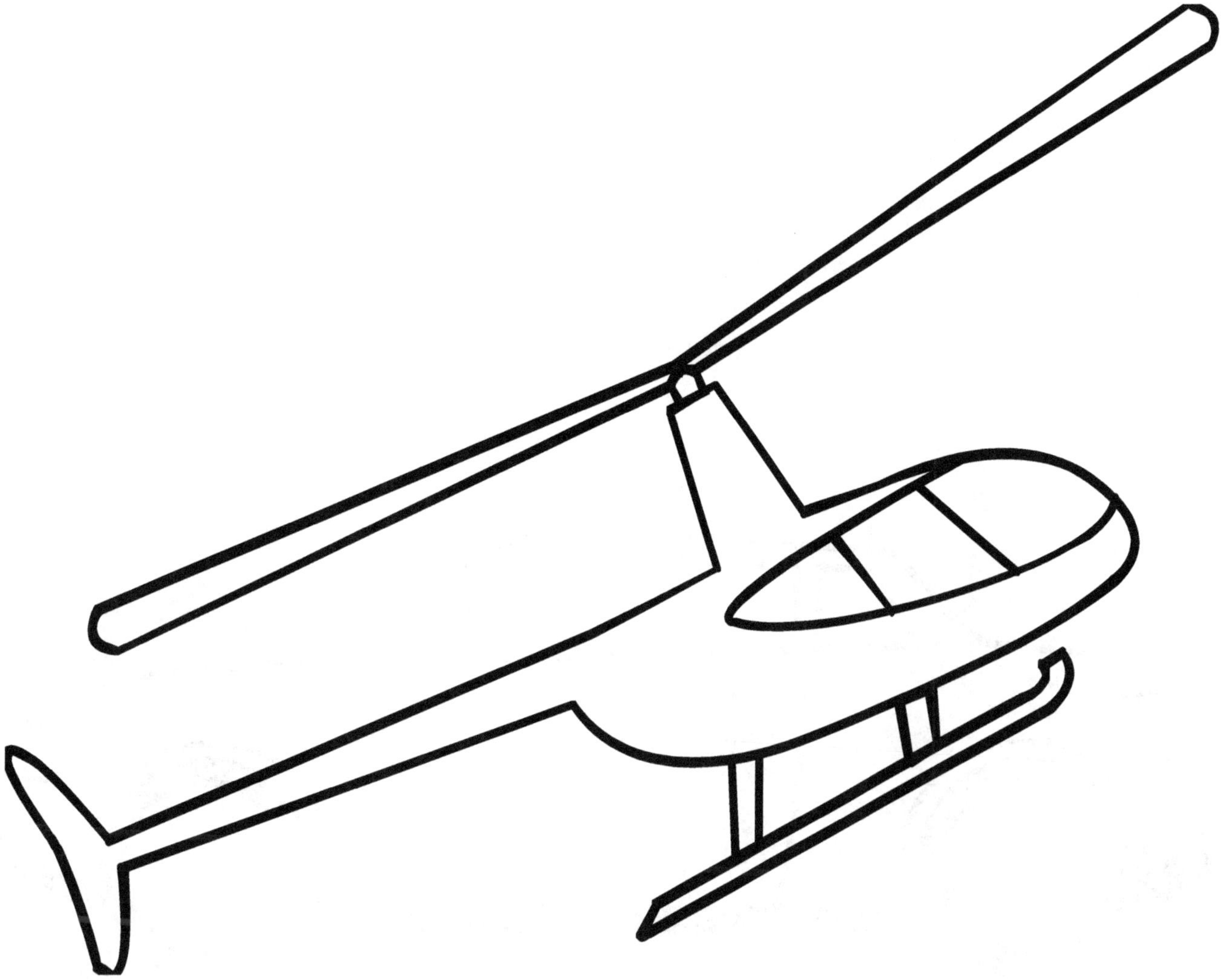

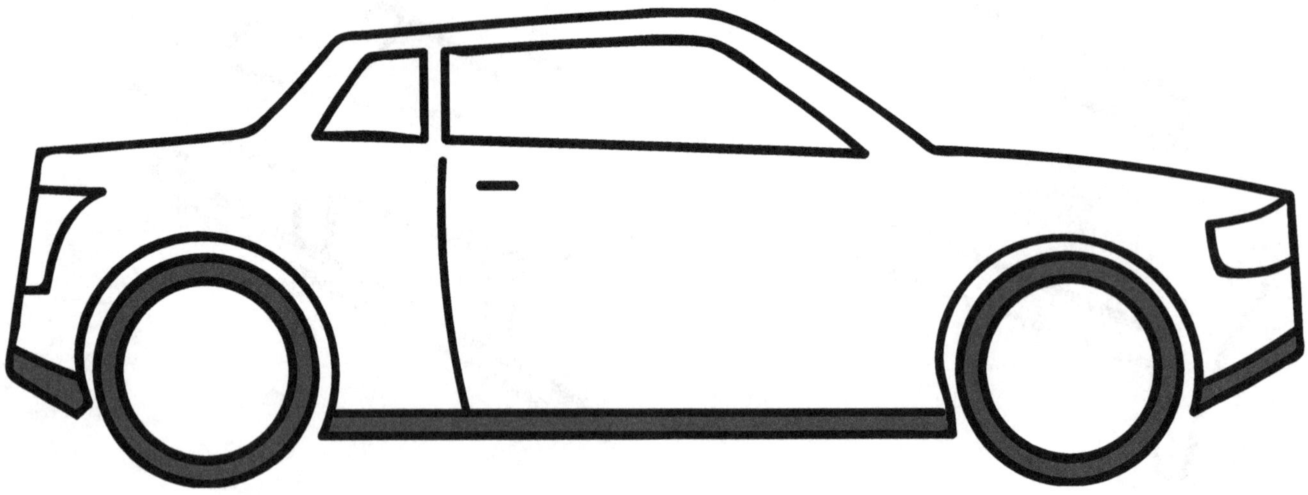

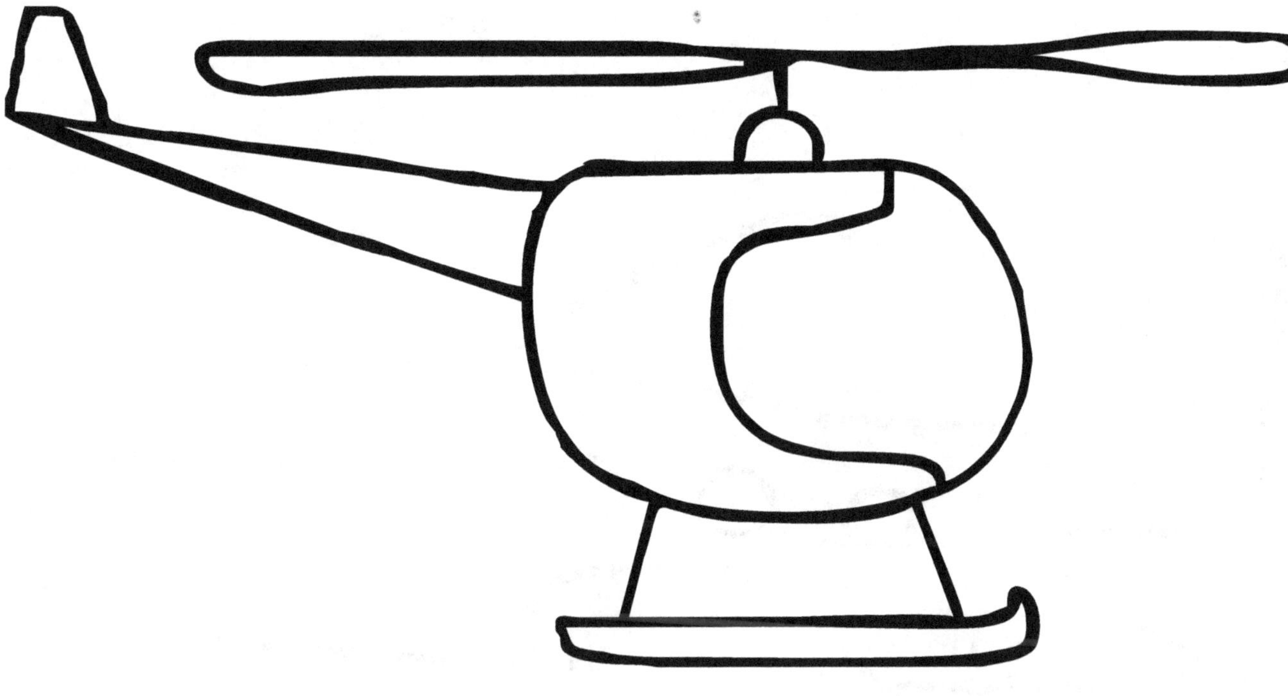

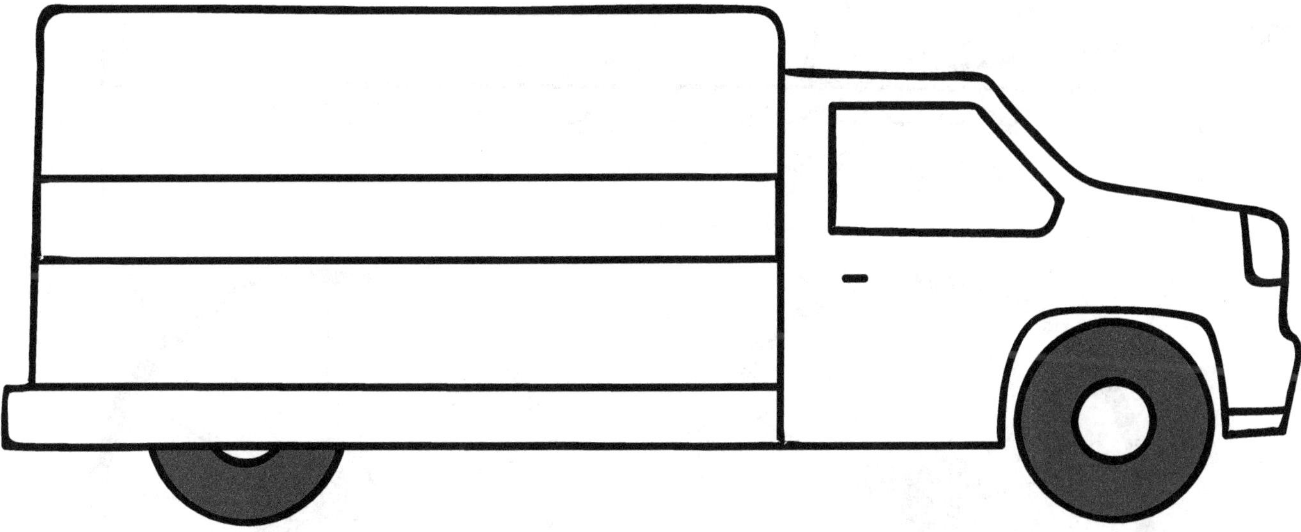

9